colección
Excursus

Madanes, Leiser

La peste / Leiser Madanes - 1a ed . - Ciudad Autónoma de Buenos Aires : Miño y Dávila/ Centro de Investigaciones Filosóficas, 2020.

64 p. ; 22 x 14 cm. - (Excursus)

ISBN 978-84-18095-62-7

Ilustración de portada: Alberto Durero, *El pecado original*, 1504.

Edición: Primera en castellano. Diciembre de 2020
(publicado originalmente en: *Deus Mortalis, Cuaderno de Filosofía Política*, núm. 5, Buenos Aires, 2006, ISSN 1666-5007).
ISBN: 978-84-18095-62-7
Depótiso Legal: M-30545-2020

Lugar de impresión: Barcelona, España / Buenos Aires, Argentina
Diseño: Gerardo Miño
Composición: Eduardo Rosende

LEISER MADANES

LA PESTE

CIF

Esta publicación se realiza en el marco de actividades del Instituto de Filosofía "Ezequiel de Olaso" (Centro de Investigaciones Filosóficas-Consejo Nacional de Investigaciones Científicas y Técnicas).

CENTRO DE INVESTIGACIONES FILOSÓFICAS

Dirección postal: Miñones 2073, Ciudad Autónoma de Buenos Aires, CP1428, Argentina

Dirección postal: Tacuarí 540 (C1071AAL), Ciudad de Buenos Aires, Argentina
c/López de Hoyos 15 (28006), Madrid, España
Teléfono de contacto: (54 11) 4331-1565
Correo electrónico: info@minoydavila.com
Página web: www.minoydavila.com
Redes sociales: @MyDeditores, www.facebook.com/MinoyDavila

ÍNDICE

La naturaleza caída 10

«Reina el espanto» 24

"Una infección nacional" 30

Desde el jardín 45

A Jorge Dotti, *in memoriam**

* Agradezco a Ricardo Ibarlucía haber desempolvado este viejo trabajo.

La pestilencia fue tan grande
que la ley no se administraba en los Estados [...]
y la hostilidad de Dios era más fuerte
que la hostilidad de los hombres.

Bartolus de Sassoferrato,
Comentario al Digesto[1]

La ciencia supone en la naturaleza un orden que es posible conocer; la filosofía política, un desorden que es necesario apaciguar. Platón vio un cielo ordenado de ideas, pero reconoció que los deseos más íntimos de los hombres incluyen el parricidio y el incesto.[2] A partir de este diagnóstico, encomendó a la razón la función terapéutica de dominar las pasiones y recordó a los filósofos reyes el deber de gobernar a los hombres pasionales. Años más tarde, supuso que el desorden no se limitaba a las almas de los seres humanos, sino que el universo en su totalidad había retrocedido al caos. Cronos, originario pastor divino de animales y pueblos, había abandonado el mundo a su suerte, y el arte de la política consistía en paliar el desorden de un mundo descuidado por los dioses.[3] Similar posición bifronte mantuvo Thomas Hobbes, quien en tanto cultor de la nueva ciencia dio por sentado y buscó

---

1   "[...] *et fuit hostilitas Dei fortior quam hostilitas hominum*". Véase Anna Montgomery Campbell, *The Black Death and Men of Learning*, Nueva York, Columbia University Press, 1931, p.132.

2   *República*, IX, 571b y ss.

3   *Político*, 268d-273c.

conocer la legalidad detrás de los cambiantes fenómenos naturales, pero expuso su filosofía política a partir del supuesto contrario: bajo el orden estatal subyacía la potencial aniquilación de los hombres entre sí que el Estado debía evitar. La guerra, en especial la guerra civil, es seguramente la imagen que con mayor frecuencia se utilizó para ilustrar el desorden político. Sin embargo, la historia y la literatura ofrecen otras expresiones de caos natural y social. La peste es una de ellas.

Tucídides, uno de los pocos afortunados que padecieron y sobrevivieron la mortífera peste que asoló a Atenas durante la guerra contra Esparta (430-429 a. de C.), quizás ironizaba, cuando junto con la transcripción de la así llamada "oración fúnebre" de Pericles (en la que el estratega de Atenas enumera prolijamente las virtudes de la *polis* democrática y se congratula por el respeto de sus ciudadanos a las leyes), presenta un aterrador relato de la plaga y de la corrupción del orden ancestral de la ciudad, que se hunde en la anomia y el caos. La naturaleza –puede concluir el lector– le ha asestado un durísimo golpe al autocomplaciente *nomos* de la democracia.[4] "Fue un tipo de plaga que superó ampliamente la posibilidad de describirla en palabras, y excedió por su crueldad lo que la naturaleza humana puede soportar."[5] Pese a –o, quizás, precisamente por– haber advertido que la crueldad

---

4   *Cf.* James Longrigg, "Epidemic, Ideas and Classical Athenian Society", en Terence Ranger y Paul Slack (eds.), *Epidemics and Ideas. Essays on the Historical Perception of Pestilence,* Cambridge, Cambridge University Press, 1992, pp. 21-44.

5   *Historia de la guerra del Peloponeso,* ii, 50. Cotejo el original griego con la traducción al castellano de Diego Gracián (México, Porrúa, 1975) y las siguientes versiones al inglés: Thomas Hobbes (1628), en *The English Works of Thomas Hobbes,* ed. de William Molesworth, Londres, 1839-1845, (reimpr. Aalen 1961), vol. 8; C. F. Smith, *History of the Peloponnesian War,* ed. bilingüe, Cambridge, Massachusetts, Harvard University Press, col. Loeb Classical Library, 1999. Véase también James Longrigg, *op. cit.,* p. 32.

de la peste sobrepasó cualquier descripción de la misma, la descripción de Tucídides de la descomposición social y política de Atenas se convirtió en un *topos* ineludible, directamente copiado y otras veces reelaborado, por quienes, a falta de poder llevar a cabo experimentos sociales para verificar hipótesis de teoría política, encuentran que una ciudad bajo una plaga presenta una inmejorable oportunidad para estudiar la naturaleza humana, su sociabilidad, sus instituciones.[6]

Son numerosísimos los testimonios pretendidamente fidedignos o declaradamente ficticios acerca de la peste, y gloriosa la nómina de textos y autores que se ocuparon de ella. Al comienzo de la *Ilíada,* Homero nos sitúa en medio de un ejército castigado por una plaga; Sófocles advierte que solo cuando se descubra la verdad del rey Edipo cesará la peste sobre Tebas; por haberse atrevido a realizar un censo de bienes y hombres, Dios castiga al rey David enviando una peste sobre su reino; Boccaccio, antes de dar rienda suelta a su imaginación picaresca, no ahorra detalles en la descripción de los sufrimientos de los florentinos bajo la epidemia bubónica, yuxtaponiendo, quizás por primera vez, horror y arte; el desencuentro final y trágico de Romeo y Julieta se desencadena debido a un malentendido que Shakespeare ubica en una ciudad confundida por la peste, confusión que, por el contrario, le permite a Alessandro Manzoni el tantas veces postergado reencuentro de los *promessi sposi*; Rabelais, Samuel Pepys, Daniel Defoe, Dostoyevski, Poe, Artaud, Camus, han visto —o recreado— en la ciudad

---

6   Por ejemplo: Lucrecio, *De rerum natura*, Libro 6, vv. 1138–286; Virgilio, *Geórgicas*, 3, 478ss.; Diodorus Siculus, *Historia*, xii, 45 y 58 y xiv, 70.4-72, donde reitera el relato en su narración de la epidemia que atacó a los cartagineses en Siracusa; Procopius, historiador del reino de Justiniano, recurre a Tucídides en *Guerras de Persia*, ii, 22-23 para describir la peste bubónica de Constantinopla en el 542-543. *Cf.* James Longrigg, *op. cit.*, p. 27.

bajo la plaga un laboratorio que permite examinar la naturaleza humana y la sociedad en una situación en extremo excepcional.

Algunas narraciones se centran en el castigo divino como causa, o, mejor dicho, atribuyen esta virulenta alteración de la naturaleza a una culpa humana (*Ilíada*, *Edipo Rey*, las numerosas menciones en el Antiguo Testamento). Otras, aceptando que la peste es un fenómeno meramente natural, observan la descomposición social y sus consecuencias morales y políticas (Tucídides, Pepys, Defoe). Las primeras pueden ser leídas como reflexiones en torno a la obstinada desobediencia de los hombres; las segundas nos recuerdan la permanente amenaza para la fragilidad humana de una naturaleza, o de un Dios, hostil. Castigo o desastre natural, la peste, que amenaza al conjunto de la sociedad, exige una respuesta colectiva, a la vez que impide concretarla, mostrando así el fundamento trágico de lo político.

LA NATURALEZA CAÍDA

A pesar de los siglos transcurridos, la lectura de los testimonios de la peste, por la descripción del suplicio que sufrieron los enfermos en su rápido camino a la muerte, resulta aún hoy conmovedora. Debemos a Tucídides la primera y más completa historia clínica con los síntomas de una infección: un repentino y fuertísimo dolor y hasta ardor de cabeza, ojos enrojecidos e inflamados; luego, lengua y garganta ensangrentadas, respiración ruidosa y aliento fétido, seguido de tos, vómitos y convulsiones; por último, una terrible sensación de quemazón y sed que lleva a los enfermos a querer arrojarse al agua.[7] A las miserias del cuerpo algunos relatos añaden la mutilación moral: "Un síntoma extraño

---

7 *Historia de la guerra del Peloponeso*, ii, 49.

de la enfermedad fue el placer perverso o insano que manifestaron los infectados respirándoles en la cara a los sanos", observó en Londres el médico Richard Mead durante la gran plaga de 1665.[8]

Esta conducta también llamó la atención de Daniel Defoe en su *Diario del año de la peste* (1722):

> Se daba una propensión o una vil inclinación en aquellos que estaban infectados a infectar a otros. Algunos médicos suponían que era la naturaleza de la enfermedad enfurecer a los enfermos y hacerles odiar a los otros hombres, como si hubiera una malignidad en la enfermedad a comunicarse ella misma y en la naturaleza del hombre, haciendo perversa su voluntad, como un perro loco que, aunque hubiera sido antes el animal más amoroso, se lanzará contra cualquiera que se le acerque, incluso contra quienes lo cuidaron hasta entonces. Otros lo atribuían a la corrupción de la naturaleza humana, que no tolera verse más miserable que sus congéneres, y tiene una especie de deseo involuntario de que todos los hombres sean tan infelices como él o estén en una condición tan mala como él. [...] Desconozco cuál era la razón natural de cosa tan perversa en un momento en que podían concluir que estaban por comparecer ante el tribunal de la Justicia Divina. No puede conciliarse ni con la religión ni con la generosidad o la humanidad.[9]

---

8   Véase Watson Nicholson, *The Historical Sources of Defoe's* Journal of the Plague Year. *Illustrated by Extracts from the original documents in the Burney Collection and Manuscript Room in the British Museum*, Nueva York, Kennikat Press, 1966 (1919), p. 73.

9   Daniel Defoe, *A Journal of the Plague Year, being Observations of Memorials of the most Remarkable Occurence, as well Publick as Private, which happened in London during the last Great Visitation in 1665. Written by a Citizen who continued all the while in London. Never published before*, Londres, E. Nutt [etc.], 1722. En adelante, citamos según las ediciones de Paula R. Backscheider (Nueva York, Norton, 1992) y John Man (Londres, Everyman, 1994), así

El temor a contraer la enfermedad, que es temor a la muerte inminente, impele a quienes quieren evitarla en dos direcciones que, aun cuando opuestas, llevan ambas a la disolución social. Una de estas vías de desintegración resulta de la exacerbada conciencia de sí, y llamó la atención de Boccaccio, testigo del paso por Florencia de la gran plaga de 1347 y 1348, magistralmente descrita a modo de introducción al *Decamerón* (1349-1351). Boccaccio se demora en una ponderada reflexión acerca del derecho a proteger la propia vida y la inflamación de este derecho durante la epidemia. La joven Pampinea, con el propósito de convencer a sus amigas de que abandonen con ella la ciudad y juntas se aíslen en el campo saludable, así razona:

> A nadie ofende quien honestamente hace uso de su derecho. Es natural tendencia de todo el que nace tratar de conservar y defender su vida como pueda; y esto se acepta tanto que alguna vez ha sucedido que, para defenderla, sin culpa alguna se ha matado a hombres. Y si esto admiten las leyes, entre cuyos fines está el bienestar de todos los mortales, ¡con cuánta mayor razón, sin ofender a nadie, nos es lícito a nosotras y a cualquier otro poner los remedios posibles para conservar nuestra vida![10]

Pronto la "natural tendencia" a defender la propia vida comienza a desdibujarse: a los que quedaban vivos les asaltaron temores y sospechas, y casi todos tendían a un mismo fin muy cruel, el de esquivar y huir de los enfermos y de sus cosas; y haciendo

---

como por la traducción castellana de Enrique Campbell: *Diario del año de la peste*, Barcelona, 1997. En este caso, la cita corresponde a la edición de Man, p. 132. Defoe no ofrece un testimonio directo de la gran plaga de Londres; nacido en 1660, tenía solo cinco años cuando ocurrió.

10 Giovanni Boccaccio, *Decamerón*, ed. y trad. de María Hernández Esteban, Madrid, Cátedra, 1994, Primera jornada, 53, p. 129.

esto cada cual creía salvarse a sí mismo. Hasta que, por último, durante el paroxismo de la epidemia el derecho natural ya no reconoce límite alguno. Escribe Boccaccio:

> Y dejemos a un lado que un ciudadano esquivase a otro y que casi ningún vecino se ocupase del otro y que los parientes se visitasen pocas veces o nunca, y de lejos; con tal espanto esta tribulación había entrado en el pecho de los hombres y de las mujeres, que un hermano abandonaba al otro y el tío al sobrino y la hermana al hermano y muchas veces la esposa a su marido; y lo que es más grave y casi increíble, los padres y las madres evitaban visitar y cuidar a sus hijos, como si no fuesen suyos.[11]

El abandono de padres e hijos, hermanos y cónyuges es un *topos* recurrente. Pablo el Diácono escribe en su *Historia de los Lombardos*: "Huían los hijos dejando insepultos los cadáveres de los padres; los padres, olvidando sus deberes, abandonaban a sus hijos ardiendo de fiebre."[12] Con diferente grado de patetismo, lo reiteran Gabriele de Mussis en su *Historia de morbo*, los Cortusii Patavani Duo en *Historia de novitatibus Paduae et Lombardiae*,

---

11 *Ibid.*, 27, p. 121.

12 Quizás Boccacio escandió esta oración al leerla —*Fugiebant filii, cadavera insepulta parentum relinquentes, parentes obliti pietatis viscera natos relinquebant aestuantes*— y advirtió que el horror también ofrece posibilidades al arte. Vittorio Branca (*Boccaccio Medievale*, Milán, Sansoni, 1956) cree demostrar que el escritor siguió de cerca la descripción que Pablo el Diácono hace de la plaga en el norte de Italia durante el siglo sexto. La historiadora Shona Kelly Wray, luego de un prolijo trabajo de archivo en Bolonia (donde la peste de 1347 y 1348 mató a dos tercios de la población), descarta la veracidad de estos testimonios y concluye que "los documentos notariales reflejan una sociedad que permaneció estable y resistente frente a la mortandad". Véase Shona Kelly Wray, "Re-evaluating Responses to the Plague: The Evidence from Bologna", comunicación presentada en el encuentro anual de la Medieval Academy of America, Tempe, Arizona, 16 de marzo de 2001, p. 3.

el franciscano Michele da Piazza en su *Cronaca*, y tantos otros.[13] Guy de Chauliac, médico del papa Clemente VI y autor de una *Grande Chirugie* (1348), refiere que la peste era tan contagiosa, especialmente en los casos en que estaba acompañada de escupir sangre, que no solo por estar juntos, "sino incluso por mirarse unos a otros, la gente la contraía, de manera que los hombres morían sin asistencia y eran enterrados sin sacerdotes. El padre no visitaba al hijo, ni el hijo al padre. La caridad estaba muerta y la esperanza hecha añicos".[14]

Estremece la rápida y completa evanescencia de piedad familiar, lazo primero y más fuerte de la sociabilidad humana. Pero es cierto que la peste pone a padres e hijos ante la disyuntiva trágica de tener que elegir entre el sacrificio inútil de la propia vida o la huida desesperada. Antes de repetir el consabido estribillo, Diodorus Siculus muestra comprensión frente a la espantosa alternativa:

> Quienes atendían a los que sufrían caían víctimas de la enfermedad; por consiguiente, el caso de los enfermos era terrible, ya que nadie los ayudaba en su desgracia. Pues no solo los extraños se abandonaban unos a otros, sino los hermanos se veían forzados a abandonar a los hermanos y los amigos a los amigos [...].[15]

La peste exagera hasta la obviedad el desorden de premios y castigos, característico de la experiencia terrena de la naturaleza:

---

13 *Cf.* Rosemary Horrox, *The Black Death*, Manchester, Manchester University Press, Manchester Medieval Sources Series, 1994, colección de crónicas, documentos y textos de medicina medievales que versan sobre la Gran Plaga de 1347 y 1348.

14 Citado en Anna Montgomery Campbell, *op. cit.,* p. 2 y ss. Un fugaz intercambio de miradas es suficiente para contagiar la peste en "La máscara de la muerte roja" [1842] de Edgar Allan Poe.

15 *Historia*, XIV, 70.4-71. *Cf.* James Longrigg, *op. cit.*, p. 29.

muere el caritativo, sobrevive el impiadoso. En semejante circunstancia, un sacerdote en Avignon parece abrigar dudas acerca de la racionalidad de quienes decidieron, por piedad, permanecer junto a los enfermos y morir como ellos. Luego de reiterar que los médicos no querían visitar a los pacientes, ni el padre al hijo, etc., agrega: "Y de esta manera un número incontable de personas murió sin ninguna marca de afecto, piedad o caridad –y ellos mismos, si se hubieran rehusado a visitar a los enfermos, quizás habrían escapado de la muerte."[16]

Defoe admite que en tiempos de peste cada uno debe hacerse cargo de su propia seguridad y comprende que no hay vínculo posible cuando el instinto de conservación pasa a ser la ley primera:

> Pero ¡ay!, en aquella época cada uno miraba demasiado por su propia seguridad para dar cabida a la piedad; todos veían llegar la muerte a su puerta, y muchos la veían llegar hasta su propia familia, sin saber qué hacer ni adónde ir. Todo sentimiento de compasión se desvanecía. Preservarse a sí mismo parecía, en verdad, la ley primera. Algunos niños abandonaban a sus padres, que languidecían en la mayor aflicción. En otros sitios, aunque con menos frecuencia, los padres se comportaban de igual modo con sus hijos. [...] No hay que asombrarse. El peligro inminente de morir le arrancaba hasta sus entrañas al amor, y toda preocupación por el prójimo [...].[17]

Que la madre abandone a su hijo enfermo, o el hijo deje sin enterrar el cuerpo de su padre, suelen considerarse faltas graves merecedoras, al menos, de sanción moral. Pero esta situación

---

16 Carta escrita desde la sede pontificia de Avignon por Louis Heyligen de Beeringen, copiada en *Breve Chronicon Clerici Anonymi. Cf.* Rosemary Horrox, *op. cit.* p. 43.

17 Daniel Defoe, *op. cit.,* Campbell p. 124 y Man p. 99.

tramposa en que se encontraron padres e hijos, cónyuges y hermanos, cuya disyuntiva era el abandono o la muerte, puede comprenderse a su vez no como una falta únicamente, sino como un castigo por alguna falta anterior. Tal era el mensaje del reverendo Thomas Vincent, para quien la visitación [*i.e.* la peste] es el vehículo por el que Dios hace llegar a los hombres el verdadero castigo: el terror que borra de sus almas todo sentimiento de amor y de pena. Así lo clama a sus feligreses en una prédica que pronunció en Londres durante la gran plaga de 1665:

> Donde Dios envía la plaga, habla, y habla terriblemente. La peste es terrible porque causa terror, [...] usualmente viene junto a la Muerte torva *(grim Death)*, el rey de los terrores, en su mano, [...] este temor ha hecho tal impresión en algunos, que borró de sus corazones, por el momento, todo sentimiento de amor y pena hacia sus parientes más cercanos y amigos más queridos.[18]

No son menos aciagas las noticias que se leen en los periódicos de Buenos Aires durante la epidemia de fiebre amarilla, en 1871. El 5 de abril escribe *La Prensa*:

> En estos últimos días ha tenido lugar un suceso bastante triste en uno de los barrios centrales de esta ciudad. Habíase enfermado uno de los hijos de la familia. Esto era a las dos de la tarde. A las ocho de la noche emprendían su marcha para el campo todos los de la casa, incluso el padre y la madre. El enfermo quedaba solo con un sirviente español.

---

18 Thomas Vincent, Minister of Magdalene, *God's Terrible Voice in the City. Wherein you have 1. The sound of the voice in the history of the two late dreadful judgements of plague and fire in London, 2. The interpretation of the voice in a discovery of the cause and design of these judgments*, [1667], Pennsylvania, Morgan, reimpr. Soli Deo Gloria Publications, 1997, Sección II: p. 12: "¿Qué son esas cosas terribles por medio de las cuales Dios a veces habla?"

Al día siguiente a la noche eran conducidos al cementerio el enfermo desamparado y su asistente.[19]

Más que gris es también el diagnóstico resignado del Dr. Guillermo Rawson, ejemplo de abnegación médica en esos meses de altísima mortandad: "Yo he visto al hijo abandonado por el padre; he visto a la esposa abandonada por el esposo; he visto al hermano moribundo abandonado por el hermano; y eso está en la naturaleza humana."[20]

Más allá de si el resentimiento de quien busca al vecino para contagiarlo es parte de la naturaleza humana o de si se trata de una patología; más allá incluso de si la preservación de la propia vida es un impulso y un derecho natural primario que no se detiene ante límite alguno, los relatos de la peste describen una tercera situación perversa en la cual, por un lado, se reconoce ciertamente que el altruismo, el amor y el heroísmo doméstico son frecuentes entre los hombres, pero, por otro lado, fracasan en su intención de proteger al prójimo y causan su muerte. Nuevamente, es Tucídides quien primero lo advierte:

> Lo más tremendo de esta enfermedad no solo era el estado de abandono de las víctimas, cuando caían en la cuenta de que estaban enfermas, pues su ánimo se hundía en la desesperación y se daban por vencidos en vez de resistir, sino también por el hecho de que se contagiaban al cuidarse unos a otros, y morían como ovejas. Y esto provocó la más elevada mortandad. Pues si por un lado se resistían por temor a visitar a los enfermos, estos morían sin ser atendidos, de modo tal de que muchas casas quedaron vacías a causa de

---

19 *Cf.* Miguel Ángel Scenna, *Cuando murió Buenos Aires. 1871*, Buenos Aires, La Bastilla, 1974, p. 344.

20 *Ibid.*

que nadie quiso asistirlas. Pero si, por otro lado, visitaban a los enfermos, morían, especialmente los que pretendían ser bondadosos. Porque estos habían hecho una cuestión de honor en visitar a los enfermos, en el momento en que los parientes de los moribundos, sobrepasados por la magnitud de la calamidad, estaban exhaustos incluso de lamentarse.[21]

Quienes no huyen, los bondadosos, multiplican la epidemia al cuidarse unos a otros. Lo que es aun más grave, los hombres de bien pueden contagiar y matar a sus seres queridos, sin advertirlo:

> Nosotros, genoveses y venecianos, tenemos la responsabilidad de haber revelado el juicio de Dios. ¡Así es! Cuando nuestros barcos nos trajeron al puerto fuimos a nuestras casas. Porque habíamos sido demorados por acontecimientos trágicos, y porque entre nosotros había apenas diez sobrevivientes de mil marineros, nuestros amigos, parientes y vecinos se agolparon en torno nuestro. Pero, para nuestra angustia, llevábamos los dardos de la muerte. Mientras nos abrazaban y besaban, estábamos esparciendo el veneno por nuestros labios incluso cuando hablábamos.

> Al regresar a sus hogares, estas personas rápidamente envenenaron a toda la familia, y en menos de tres días toda la desdichada familia sucumbía a los dardos de la muerte.[22]

Defoe expone con claridad la perversa matriz del contagio inevitable bajo la peste:

> Esto de infectar y ser infectado sin siquiera saberlo por ninguno de los dos es evidente por casos que ocurrieron

---

21 *Historia de la guerra del Peloponeso*, ii, 51. Hobbes traduce que morían como ovejas: "[…] *infected by mutual visitation*" (*op. cit.*, p. 206).

22 Gabriele de Mussis, *Historia de morbo*, citado en Rosemary Horrox, *op. cit.*, p. 19.

frecuentemente por aquel entonces. Padres y madres que circulaban como si estuviesen bien, y creían estarlo, hasta que sin darse cuenta infectaron y fueron la destrucción de todas sus familias, cosa que hubieran estado lejos de hacer si hubiesen tenido la mínima sospecha de haber estado enfermos y ser ellos mismos un peligro. Una familia, cuya historia he escuchado, fue así infectada por el padre, y la enfermedad empezó a aparecer en algunos de ellos antes de que se la descubriera en él mismo. Pero investigando más detenidamente, parecía que el padre había estado infectado con antelación, y ni bien descubrió que su familia había sido envenenada por él mismo se obnubiló, y hubiera cometido un hecho de violencia contra él mismo si no se lo hubieran impedido quienes estaban cerca de él, y murió luego de unos días [...]. Es muy triste darse cuenta de que personas como estas [*i.e.* que no sabían que estaban contagiadas] eran destructores caminantes *(walking destroyers)* desde una semana o dos antes de declarárseles la enfermedad; cómo arruinó a aquellos por quienes hubiera arriesgado su vida para salvarlos, respirándoles muerte encima; incluso quizás al besar y abrazar cariñosamente a sus propios hijos.[23]

Nathaniel Hodges, autor de una *Loimologia*, o *Tratado sobre las pestilencias*, se pregunta: "¿Quién no se quebraría de dolor al ver [...] el lecho nupcial transformado la primera noche en un sepulcro, y la infeliz pareja encontrando la muerte en sus primeros abrazos?"[24] Pregunta que, por su patetismo, solo logra ser superada por la siguiente noticia publicada en *La Nación* en su edición del 18 de marzo de 1871:

---

23 Daniel Defoe, *op. cit.*, Man, p. 172.

24 Nathaniel Hodges, *Loimologia: or, An Historical account of the Plague in London in 1665: with precautionary Directions against the like Contagion*, John Quincy, M.D. trans. 1720, en Watson Nicholson, *op. cit.*, p. 108.

> Sabemos que anoche un sereno penetró en una casa de la
> calle Balcarce, llamando la atención que la puerta estuviera
> abierta en altas horas y se encontró con el cadáver de una
> mujer y entre sus brazos una criatura de cuatro meses que
> mamaba aún de los pechos de aquélla.[25]

La madre muerta a la vez alimenta y mata a su hijo. El contagio, que es el mal que se quiere evitar, se produce precisamente
al intentar evitarlo. Esta trampa circular y sin salida, en la cual
tanto si se actúa bien como si se actúa mal, el resultado es un
mal, es, según algunos teólogos, la situación lamentable en que
se encuentran los hombres en este mundo tras la caída de Adán.
La peste reproduce, hace visible, y es, en suma, una representación dramática de la condición natural del hombre afectado por
el pecado original. San Agustín formula esta doctrina del pecado
original y de la naturaleza caída con total claridad:

> No se comete un pecado sino queriendo que nos vaya bien
> o rehuyendo que nos vaya mal. Tiene pues lugar la menti-

---

25 Miguel Ángel Scenna, *op. cit.*, p. 451. En diciembre de ese infausto año de
1871, se exhibe al público, en el *foyer* del entonces Teatro Colón, la tela de
Juan Manuel Blanes *Episodio de la fiebre amarilla*. El cronista de *La Nación*
la describe así: "Una miserable habitación de conventillo, sobre cuyo suelo
de ladrillos yace una mujer joven, muerta por la fiebre amarilla. Sobre ella
gatea el hijo de pocos meses, buscando con sus pequeñas manos el seno
materno; al fondo, sobre un lecho desordenado, se desdibuja el cadáver del
padre. Las dos hojas de la puerta de la habitación están abiertas y contra
ella se destacan dos miembros de la Comisión Popular: el Doctor Roque
Pérez en el centro y a su lado Manuel Argerich" (*ibid.*, p. 447). Este *locus
classicus* de la peste se reitera con cierta frecuencia; por ejemplo, el autor
anónimo de *The Shutting up of Infected Houses as it is practised in England
Soberly Debated. By way of Address from the poor souls that are Visited to their
Brethren that are Free* [1665], critica la orden de cerrar las casas donde hay
un infectado, con todos los que allí viven, adentro, lamentándose de los
"pobres niños inocentes recién traídos al mundo, [...] envenenados por los
pechos que deberían preservarlos" (Watson Nicholson, *op. cit.*, p. 134).

ra cuando, intentando buscar algún bien, eso mismo nos resulta mal, o cuando procurando buscar algo mejor, nos resulta, en cambio, peor. ¿De dónde procede esto? De que el bien le viene al hombre de Dios, a quien abandona por el pecado. No le viene de sí mismo, pues si vive según él mismo, peca.[26]

En el jardín del Edén, la naturaleza toda, vegetal y animal, estaba al servicio del hombre. La primera pareja poseía dominio sobre sus cuerpos y sobre los restantes seres creados. Sus almas eran inmortales y sus cuerpos, aunque mortales, serían mantenidos con vida y sin decaimiento por voluntad del Creador. Solo un fruto les estaba prohibido, prohibición mínima frente a la variedad y riqueza que se les había otorgado. Adán podía no desobedecer (*posse non peccare*). El error de Adán consistió en apartar su voluntad de la de Dios y seguir la suya propia, su deseo personal. El castigo de Dios fue sencillo en su simetría, pero terrible por sus consecuencias: castigó la desobediencia con desobediencia (*inobedientiae inobedientia retributa est*). Hay desobediencia en la naturaleza, que ha dejado de estar al servicio del hombre y ha pasado a ser una permanente amenaza. Y hay desobediencia en el hombre, ya que está ahora condenado a desobedecer, a seguir su propio deseo, a seguir su propia voluntad.[27] Es más, por culpa de

---

26 San Agustín, *Ciudad de Dios/De Civitate Dei* [413-420], en *Obras completas*, vol. XVII, ed. bilingüe, trad. de Miguel Fuentes Lanero y Santos Santamaría del Río, Madrid, Biblioteca de Autores Cristianos, 3ª ed., 1977, Libro XIV, 4: *"Non enim fit peccatum, nisi ea voluntate, qua volumus ut bene sit nobis, vel nolumus ut male sit nobis. Ergo mendacium est, quod cum fiat ut bene sit nobis, hinc potius male este nobis; vel cum fiat ut melius sit nobis, hinc potius peius est nobis. Unde hoc, nisi quia de Deo potest bene esse homini, quem dee linquendo deserit; non de se ipso, secundum quem vivendo delinquit?"*

27 Pascal, heredero teológico de Agustín, anota: "La naturaleza es tal, que indica en todo, tanto en el hombre como fuera del hombre, un Dios perdido

Adán, Dios decidió que toda la humanidad quedara infectada de muerte, castigo que inevitablemente se contagia de padre a hijo a través del semen.

El hombre no había sido creado para vivir según él mismo, sino según el que lo creó, razón por la cual debía hacer la voluntad de Dios con preferencia a la suya. La obediencia, y no la prudencia, pasa a ser, según Agustín, la "madre y tutora de todas las virtudes",[28] ya que la criatura fue creada en tal condición que le es ventajoso estar sometida y perjudicial el hacer su propia voluntad en lugar de la de su creador. Pero Adán quiso apartarse de Dios y seguir su propio camino. La consecuencia fue homeopática: el hombre fue entregado a sí mismo por la justicia de Dios (*Dei iustitia sibi donaretur*). La soberbia de Adán fue apartarse del mandamiento divino; el castigo es que desde entonces todos los hombres son obligados a actuar como Adán. Son soberbios (la soberbia es el apetito de perverso encumbramiento: *perversae celsitudinis appetitus*) y cada uno busca hacerse y ser principio para sí mismo (*sibi quodam fieri atque esse principium*), pero como el hombre no puede ser dueño de sí mismo, vive en desacuerdo consigo mismo (*sed a se ipse quoque dissentiens*).[29]

La situación del hombre durante la peste puede ser vista como una representación de la doctrina agustiniana de la naturaleza caída porque, precisamente, Agustín explica la transmisión del

---

y una naturaleza corrompida" y "Los hombres no están ahora en el mundo tal como salieron de las manos de Dios, sino como enemigos de Dios (*comme des ennemis de Dieu*)" (*Pensamientos* [1651-1662], trad. y pról. de Oscar Andrieu, Buenos Aires, Fondo Nacional de las Artes/ Sudamericana, 1971; según la numeración de León Brunshvicq, 441 y 584, respectivamente.

28 *Ciudad de Dios*, Libro XIV, 12.

29 Nuevamente Pascal: "[…] nacemos injustos, pues todo tiende hacia sí [mismo]. Esto va contra todo orden: hay que tender a lo general, y la pendiente hacia sí mismo es el comienzo de todo desorden […]" (*op. cit.*, 477).

pecado original como un pestífero contagio por la carne. Análogamente, en los relatos de la peste, el padre que quiere proteger a su familia la contagia; la madre que alimenta al recién nacido lo condena a muerte; los amantes que se abrazan se eliminan. Buscan el bien propio y ajeno, pero no pueden evitar hacer el mal. En su lógica intrínseca y perversa, esta situación es también similar al estado de naturaleza hobbesiano, en el cual el hombre está sometido a la ley natural, que lo obliga a proteger su propia vida y, por ello, inevitablemente desconfía de –y propaga desconfianza en– su semejante, precipitando así la muerte violenta que buscaba evitar.

Agustín explica por qué se deterioró la buena obra de Dios, infectando a toda la humanidad con la más terrible de las enfermedades: la muerte. A partir de esta naturaleza ya caída, Hobbes explica por qué, en tal condición, los hombres, como decía Agustín, no pueden no pecar, esto es, no pueden sino agravar su condena a la muerte natural, acortando los tiempos con una muerte violenta. Agustín concluye que la naturaleza deteriorada no puede repararse a sí misma, requiriendo la intervención sobrenatural del Creador;[30] Hobbes, que esta naturaleza caída o estado de guerra, a fin de evitar la mutua destrucción, reclama y justifica la intervención de una autoridad no natural –en este caso será un artificio– que imponga la obediencia necesaria y asegure un orden que la propia naturaleza es incapaz de dar. Ocurre lo mismo en tiempos de peste: cuando la naturaleza se desquicia y la sociedad comienza a disolverse, se reclama y a la vez se rechaza, se exige y se niega, la acción del Estado –salvador y crucificado– para que haga frente al horror.

---

30 Dice Pascal: "La conversión verdadera consiste [...] en saber que hay una oposición insuperable entre Dios y nosotros, y que, sin un mediador, no puede haber relación" (*ibid.*, 470).

Los testimonios de la peste, como la doctrina del pecado original o la hipótesis hobbesiana del estado de naturaleza, describen el proceso de igualación o indiferenciación[32] a que da lugar el contagio. Aun cuando comience en los barrios pobres, o se suponga que es un castigo de Dios, pronto se cae en la cuenta de que son contagiados y contagian por igual —tal como ocurrió a partir de la primera mácula— ricos y pobres, niños inimputables y criminales reincidentes. Un cuerpo es tan frágil y a la vez tan peligroso como cualquier otro. A esta igualación se llega mediante un previo proceso de inversión, en el cual se narra cómo el rico pierde su fortuna y el pobre la hereda; el honesto busca sacar provecho y el ladrón da muestras de altruismo; se relaja la mujer virtuosa y recibe honores la licenciosa.

Así colapsan las expectativas mutuas que sostenían la vida social: cualquiera es capaz de cualquier cosa. El Estado, en su esfuerzo denodado por proteger a los ciudadanos, mantener la cohesión social y evitar el caos, debe hacer frente a dos obstáculos prácticamente invencibles: el tiempo y el horror al contacto físico. La danza macabra sentencia a muerte y se lleva a los suyos con rapidez mayor de aquella con la que es capaz de actuar el oficial de justicia. Por lo tanto, quien ya se supone sentenciado por la

---

31 Mardoqueo Navarro, catamarqueño, se encuentra en Buenos Aires durante la gran epidemia de fiebre amarilla de 1871. Lleva un diario íntimo, en el que anota sus escuetas impresiones de la ciudad enferma. "Reina el espanto" corresponde a la entrada del 11 de abril. Unos días antes (el 7 de abril) había escrito: "Todos amarillos: de fiebre los muertos, de miedo los vivos." Véase Miguel Ángel Scenna, *op. cit.* p. 346 n.

32 *Cf.* René Girard, *Literatura, mímesis y antropología*, trad. de Luis Alberto Bixio, Barcelona, Gedisa, 1996, cap. VII: "La peste en la literatura y el mito", p. 143.

peste puede ignorar los más lentos mecanismos de coacción del derecho civil. Además, el Estado pierde acceso al cuerpo de los ciudadanos, pues ahora es el guardián quien retrocede cuando se aproxima el intruso y no hay policía dispuesto a cumplir la orden de reducir a un infectado.

Nuevamente, es Tucídides quien primero describe este deterioro:

> Ningún temor a los dioses o a las leyes de los hombres servía de contención o freno. Pues, por un lado, veían que todos morían por igual, y entonces se consideraba que la piedad y la impiedad conducían al mismo destino. Por otra parte, nadie creía que viviría el tiempo suficiente como para tener que hacerse responsable y pagar la penalidad por su inconducta. Por el contrario, creían que la penalidad ya se había dictado en contra de ellos y que pendía sobre sus cabezas, y que era mucho más pesada, y que antes de que se cumpliera era razonable disfrutar todo el goce posible de esta vida.[33]

Casi veinte siglos más tarde, Defoe también advierte que la peste ejecuta su sentencia con rapidez tal que el Estado se vuelve ineficaz:

> Ejemplos terribles pudieron verse, particularmente dos en una misma semana: madres insensatas y delirantes que mataron a sus hijos. Una de ellas habitaba no lejos de mi casa; la pobre mujer no vivió lo suficientemente para darse cuenta

---

33 *Historia de la guerra del Peloponeso*, ii, 53. Hobbes traduce la primera frase: *"Neither the fear of the gods, nor laws of men, awed any man"*. La tesis —de innecesaria demostración— de que ni Tucídides ni Hobbes son autores "realistas" es defendida con ahínco por Laurie M. Johnson en *Thucydides, Hobbes and the Interpretation of Realism*, De Kalb, Northern Illinois University Press,1993. Son sugerentes las páginas que Enrique E. Marí dedica a la peste en "La retransformación de la práctica y el discurso de la muerte como indicador de la crisis contemporánea", en *Papeles de filosofía (…para arrojar al alba)*, Buenos Aires, Biblos, 1993.

del crimen que había cometido ni, con mayor razón, para recibir el condigno castigo.[34]

Hobbes muestra que la noción de tiempo debe considerarse en la naturaleza de la guerra.[35] La guerra es una categoría temporal; se refiere a la inminencia de la muerte y no al instrumento -cuchillo, bala- que la produce. En estado de naturaleza la vida es, en última instancia, *corta*. Este segundo acortamiento de la vida (el primero se produjo tras la caída de Adán) es el que el soberano debe evitar, y es el que la peste vuelve a presagiar. La peste acelera los tiempos; incluso la Iglesia pierde su control: "Cae el golpe: se nos arranca la víctima antes de que pueda confesar sus pecados y arrepentirse. Piénsese en qué estado deberá comparecer ante el Juez Implacable, no habiendo tenido tiempo de lamentar sus actos", se quejaba el Papa Gregorio en el siglo VI.[36] Solo bajo la protección del soberano se puede gozar de una vida prolongada, sostiene Hobbes. Los relatos de la peste invierten esta proposición y muestran que únicamente para quienes el futuro es una posibilidad, es decir, para aquellos que no están ya infectados y condenados a morir en pocas horas, tiene sentido el soberano.

Sin futuro, carece de sentido, ante todo, la propiedad privada: "Todos, como si no fuesen a vivir más, habían abandonado tanto a sí mismos como a sus cosas; por lo que la mayor parte de las casas se habían vuelto comunes, y las usaban los extraños, con solo tropezarse con ellas, como las habría usado su propio dueño", escribe Boccaccio, y más adelante agrega que los hombres en el campo "no se ocupaban ni de sus bienes ni de sus asuntos; es más, como

---

34 Daniel Defoe, *op. cit.*, Campbell p.124 y Man p. 99.

35 *Leviathan*, XIII.

36 Gregorio de Tours, *Liber historiae francorum*, X, 1. *Cf.* la traducción inglesa de Lewis Thorpe: *The History of the Franks*, Londres, Penguin, 1974, p. 545.

si todos esperasen que les llegase la muerte ese día en el que estaban, trataban por todos los medios no de ocuparse de los frutos futuros de las bestias y de las tierras y de sus pasados trabajos, sino de consumir lo que tenían a mano".[37]

En el jardín del Edén, el soberano civil era innecesario, ya que Dios mantenía al hombre con vida; en el otro extremo, es decir, en la ciudad bajo la peste, cuando Dios, o el virus, parece haber sentenciado al hombre a la muerte inminente ("La ciudad se vuelve tan insalubre, que un hombre no puede confiar en que vivirá dos días", anota en su diario Samuel Pepys, el 10 de agosto de 1665, durante la gran plaga de Londres[38]), el soberano debe luchar para mantener abierto ese horizonte de futuro incierto —en que el hombre desea una muerte natural que la sola naturaleza no es capaz de garantizarle— dentro del cual la relación de protección y obediencia tiene sentido. La peste desarticula esta ecuación, y caducan las leyes y las más antiguas tradiciones:

---

37 *Decamerón*, 22 y 44.

38 Samuel Pepys, *The Concise Diary*, intr. de Stuart Sim, Hertfordshire, Ware, col. Wordsworth Classics of World Literature, 1997. Pepys (1633-1703), a quien el historiador inglés Christopher Hill considera como "el primer funcionario público de la edad moderna" (*Who's Who in Stuart Britain*, Londres, Shepheard-Walwyn,1988, p. 280) fue secretario de Sir Edward Montagu, comandante de la armada del Commonwealth bajo Oliver Cromwell; obtuvo luego un alto puesto en la Oficina Naval durante la restauración de Carlos ii, a cuya coronación asistió (como curioso había presenciado, también, la decapitación de Carlos i). En 1665, cuando se desata la plaga, al tiempo que comienza la segunda guerra con Holanda, Pepys se convierte en secretario del Almirantazgo y miembro del Parlamento. Entre 1684 y 1685 se le confiere el honor de presidir la Royal Society. Ninguno de estos hechos, sin embargo, justifica que Pepys fuera un personaje memorable de la Inglaterra moderna. Este lugar se lo gana, sin sospecharlo, más de un siglo después de su muerte, cuando en 1825 se descifra y publica un voluminoso y prolijo diario, escrito en una taquigrafía a veces criptográfica entre 1660 y 1669. A partir de entonces, Pepys se convierte en el testigo más creíble de su época, reputación quizás ganada porque nunca se propuso serlo.

Los templos [...] estaban llenos de hombres muertos, porque la fuerza del mal era tanta que no sabían qué hacer. Nadie se cuidaba de religión ni de santidad, sino que eran violados y confusos los derechos de sepulturas de que antes usaban, pues cada cual sepultaba a los suyos donde podía. Algunas familias, viendo los sepulcros llenos por la multitud de los que habían muerto de su linaje, tenían que echar los cuerpos de los que morían después en sepulcros sucios y llenos de inmundicias. Algunos, viendo preparada la hoguera para quemar el cuerpo de un muerto, lanzaban dentro el cadáver de su pariente o deudo, y le encendían fuego por debajo; otros lo echaban encima del que ya ardía y se iban.

Además de todos estos males, la epidemia también fue causa de una mala costumbre, que después se extendió a otras muchas cosas y más grandes, porque no tenían vergüenza de hacer públicamente lo que antes hacían en secreto, por vicio y deleite. Pues habiendo entonces tan grande y súbita mudanza de fortuna, que los que morían de repente eran bienaventurados en comparación con aquellos que duraban largo tiempo en la enfermedad, los pobres que heredaban los bienes de los ricos no pensaban sino en gastarlos pronto en pasatiempos y deleites, pareciéndoles que no podían hacer otra cosa mejor, no teniendo esperanza de gozarlos mucho tiempo, antes temiendo perderlos enseguida y con ellos la vida. Y no había ninguno que, por respeto a la virtud, aunque la conociese y entendiese, quisiera emprender cosa buena, que exigiera cuidado y trabajo, no teniendo esperanza de vivir tanto que la pudiese ser acabada, antes todo aquello que por entonces hallaban alegre y placentero al apetito humano lo tenían y reputaban por honesto y provechoso [...]. Y pues la cosa pasaba así, parecíales mejor emplear el poco tiempo que habían de vivir en pasatiempos, placeres y vicios. En esta calamidad y miseria estaban los atenienses dentro de la ciudad, y fuera de ella los enemigos lo metían todo a fuego y a sangre.[39]

La satisfacción del propio deseo no reconoce límite alguno; toda diferencia queda aniquilada. Cae también la primera distinción, la más sagrada. En Tebas, el incesto fue causa de la peste; siglos más tarde, fue su efecto. Escribe Juan de Reading:

> Las viudas, olvidando el amor que tuvieron a sus primeros esposos, corrieron en brazos de extranjeros o, en muchos casos, de parientes, y de manera desvergonzada dieron a luz a bastardos concebidos en adulterio. Incluso se afirmó que en muchos lugares hubo hermanos que tomaron por esposas a sus hermanas [...]. Consideraban la fornicación, incesto o adulterio, más como un juego que como un pecado.[40]

Es común, por último, la comparación con los animales: "Las familias tratan a los enfermos como si fueran perros: dejan comida y bebida cerca de sus camas y escapan de las casas. Todo el que aún está sano cuida de sí mismo."[41] Siglos después, contamos con el testimonio siempre verosímil de Pepys:

> *22 de agosto de 1665:* Fui caminando hacia Greenwich. En el camino vi un ataúd con un cuerpo muerto dentro, muerto por la plaga, dejado al aire libre en un terreno. Había sido dejado allí ayer a la noche. La parroquia no había dado instrucciones a nadie para que lo enterraran. [...]. La peste nos está volviendo más crueles entre nosotros de lo que somos con los perros.[42]

---

39 *Historia de la guerra del Peloponeso*, ii, 53.

40 *Cf.* Rosemary Horrox, *op. cit.* p. 87.

41 *Ibid.* pp. 43-44.

42 Samuel Pepys, *op. cit*, 22 de agosto de 1665.

"UNA INFECCIÓN NACIONAL"[43]

En 1743, un nuevo brote de peste bubónica amenaza desembarcar en las Islas Británicas procedente de ultramar. Horace Walpole, miembro del parlamento inglés, escribe desde Londres a su amigo Sir Horace Mann:

> La ciudad está furiosa, pues usted sabe, para los comerciantes no hay peor plaga que un freno en los negocios [...]. Yo estoy temeroso de que tengamos la plaga: una isla, tantos puertos, ningún poder suficientemente absoluto o activo para establecer precauciones necesarias, ¡y todas son necesarias! ¡Es terrible![44]

El escenario es, esta vez, la Cámara de los Comunes y Walpole es el actor; pero se trata de una tragedia bien conocida: el Estado se bate, con un brazo atado a la espalda, contra la peste. La historia enseña que las políticas públicas sanitarias comenzaron a implementarse con dificultad, venciendo obstáculos puestos por teólogos, supersticiones populares, universidades, colegios médicos, curias y comerciantes, cuya confusa amalgama de intereses y presuntos saberes negaban aquello que los gobernantes, desde su privilegiado lugar de observación, veían con evidencia: hay contagio y hay medidas que pueden ordenarse para paliarlo. El conocimiento, sostenía Platón, debía ser requisito para el ejercicio del poder. Los relatos de la peste permiten concluir, en general,

---

43 Daniel Defoe, *op. cit.*, Man, p. 30.

44 *Cf.* Stephen Porter, *The Great Plague*, Londres, Sutton, 2003, p. 106: "[...] *no power absolute or active enough to establish the necessary precautions*". Horace Walpole, [1717-1797], hijo de Robert Walpole, primer ministro de la corona entre 1721 y 1742, ingresó al Parlamento en 1741. La carta está fechada el 31 de julio de 1743.

la tesis contraria: quienes ejercen la función de gobierno, quienes detentan el poder y la responsabilidad pública, tienen por ello acceso a un conocimiento que permanece oculto al hombre en el llano, sabio o ignaro, o que demora en adquirirlo.

Tucídides, hombre político, logró averiguar el origen geográfico de la peste que afectó a Atenas, pero confiesa que ni él ni nadie acertó en su etiología ni tratamiento: "No aprovechaba el arte humano, ni los votos ni plegarias en los templos, ni adivinaciones ni otros medios, de que usaban, porque en efecto valían muy poco".[45] Los teólogos del Dios del Libro no se resignaron a una docta ignorancia y buscaron conciliar genocidio[46] y Providencia Divina. La lógica del Islam excluía la posibilidad del contagio: Dios, el único, no admite el azar de causas segundas; se enferma quien estaba predestinado a enfermarse. Bienvenida la muerte, ocasión de martirio. La tradición atribuye a Mahoma la sentencia "No hay contagio", que aparece en una lista de creencias supersticiosas que deben ser eliminadas: "No hay contagio, no hay adivinación por pájaros, no hay lechuza, no hay serpiente", resabios de animismo pagano que denotan un sistema causal caprichoso. Al beduino que por experiencia sabe que un camello sarnoso enferma de sarna a otros, responde el ulema: "¿De quién pudo contagiarse el primer camello?"[47]

---

45 *Historia de la guerra del Peloponeso*, II, 51.

46 El término no es una hipérbole, al menos no lo creía así el Hermano John Clynn, de los frailes menores de Kilkenny, Irlanda, quien al final de su crónica sobre la plaga deja pergaminos en blanco con la esperanza de que quizás quede algún sobreviviente entre los hijos de Adán y pueda completar la historia. Véase Rosemary Horrox, *op. cit.*, p. 84.

47 Véase Lawrence I. Conrad, "Epidemic Disease in Formal and Popular Thought in Early Islamic Society", en Terence Ranger y Paul Snack (eds), *op. cit.*, pp. 77-99, aquí p. 82. El profeta Mahoma muere en el año 632; Conrad examina textos del Islam escritos entre el 700 y el 850. Más información en

El fatalismo islámico causó estupor a los europeos:

> Los turcos están persuadidos de que el destino de cada uno
> está escrito en su frente, y que hay un destino fatal señalado
> por Dios [...]; debido a esta credulidad, restan importancia
> e ignoran todo cuidado para evitar la infección, conver-
> sando unos con otros, y comprando mercaderías de casas
> infectadas, y utilizando la vestimenta de los recién fallecidos
> [...]. Multitudes han sido ejecutadas por la plaga debido a
> esta herejía [...].[48]

La fe apodíctica del Islam se diluye, en Occidente, en una apo-
rética: H.F., acaudalado comerciante y ficticia primera persona
que lleva el *Journal* de Defoe, le escribe una carta a su hermano,
contándole que ha decidido quedarse en Londres para no aban-
donar su negocio, confiado en que Dios lo habrá de proteger de
la peste. La respuesta que recibe del hermano, que habita en el
campo, es sensata: le sugiere que abandone Londres para salvar la
vida, y confíe en que Dios proteja sus bienes durante su ausencia.[49]

J. N. Hays, *The Burdens of Disease. Epidemics and Human Response in West-
ern History*, Nuevo Brunswick, Rutgers University Press, 1998 p. 58 y ss.

48 William Kemp, *A Brief Treatise of the Nature, Causes, Signes, Preservation
from, and Cure of the Pestilence* [1665], en Watson Nicholson, *op. cit.*, p. 128
y ss. Defoe, al referirse a esta misma cuestión, introduce el término "predes-
tinación", con lo que su reflexión se vuelve más ambigua, contemporánea
y crítica quizás de la doctrina presbiteriana de la preelección divina. Véase
Daniel Defoe, *op. cit.*, Man, p. 12.

49 Daniel Defoe, *op.cit*, Man, p.10 y Campbell, p. 25. No menos sentido
común para resolver dilemas teológicos demostraron poseer los tártaros que
en 1347 sitiaban una ciudad cristiana. La peste hacía estragos en medio de
sus tropas y decidieron pedir permiso para ingresar a la ciudad sitiada con
la intención de convertirse al cristianismo. Cuando ingresaron, cayeron en
la cuenta de que también los cristianos habían sido arrasados por la peste,
y desistieron de convertirse. *Cf.* Rosemary Horrox, *op. cit.*, p. 46.

Los médicos, no menos que los teólogos, demoraron la lucha de los gobiernos contra la plaga. En general, creían en el origen miasmático, y no contagioso, de la peste, según el cual el aire estaba viciado o pútrido y las personas contraían la enfermedad al respirarlo. Esta creencia se sostenía en la antigua doctrina de los cuatro humores (sangre, flema, bilis amarilla y bilis negra) que el cuerpo incorporaba de los cuatro elementos (aire, agua, tierra y fuego) a través de lo que come, bebe y respira. La enfermedad era un desequilibrio en la proporción de los humores y la salud se restituía con una dieta adecuada. La salud del cuerpo se vinculaba a una determinada regla de vida, la medicina se comprendía como una rama de la filosofía moral, y se reforzaba así la tradicional relación bíblica entre desobediencia y castigo. Una de las primeras medidas tomadas en Siena durante la gran peste bubónica de 1347 y 1348 consistió en prohibir las apuestas y los juegos de azar; en Tournai se prohibió maldecir y se obligó a contraer matrimonio a las parejas que cohabitaban. Se tomaron también algunas medidas para no envilecer más el aire. Venecia fue la primera ciudad en formar una comisión *ad hoc* de ciudadanos influyentes, cuya función era inspeccionar el vino, el pescado, la carne, las cisternas de agua y las cloacas, posibles fuentes de corrupción del aire.[50]

La creencia en que la plaga puede contagiarse de una persona a otra —noción que, como refieren los testimonios más antiguos,

---

50 En las *Crónicas florentinas* de Giovanni Villani (muerto en 1347, al comienzo de la peste) puede leerse la miscelánea de creencias populares, teorías con pretensión científica y dogmas teológicos, comunes en la época. Villani parece dar crédito por igual al origen de la plaga en una lluvia de gusanos gigantes, negros y de ocho patas, la conjunción de Aries y Mercurio, y el decreto de Dios. Su hermano Matteo continuó la *Cronaca* hasta el año 1363, en que también él murió de peste. *Cf.* Giovanni Villani, *Crónicas florentinas*, trad., pról. y notas de Nilda Guglielmi, Buenos Aires, Centro Editor de América Latina, 1967, pp. 137-140.

siempre coexistió, al menos en la imaginación popular, junto a la tradición miasmática enseñada en las universidades– fue ganando preeminencia en la administración civil (aún no entre los médicos, a tal punto que no se los incluyó en las primeras comisiones de salud) a partir de la peste bubónica de 1347 y 1348 (que se estima llevó a la muerte a más de un tercio de la población europea); pero solo las ciudades del norte de Italia dominadas por figuras incontrovertibles pudieron implementar las medidas agresivas y necesarias para contrarrestar sus efectos. Florencia no hizo nada comparable a la dura legislación que promulgaron los Visconti en Milán o los Gonzaga en Mantua, como la cuarentena municipal, el aislamiento de las víctimas, pases o pasaportes de salud, cordones sanitarios, encierros, etc., medidas intrusivas, muy resistidas y sumamente costosas, pero eficaces. Recién a mediados del siglo xv los Medici copiaron los primeros *lazzaretti*. La creencia en el contagio llevó a los gobiernos a interferir más directamente en la vida de los ciudadanos, ya que consideraban peligrosa cualquier aglomeración, se tratara de colegios, servicios religiosos, procesiones, cantinas, teatros o barrios hacinados. Pordioseros, prostitutas y otras ocupaciones ambulatorias fueron percibidas como especialmente dañinas, reencontrándose nuevamente la proverbial relación entre enfermedad y desorden de conducta.[51]

Manzoni recuerda el extremo al cual debió recurrir el gobierno de Milán en 1629 a fin de convencer a su gente de que la peste se cernía sobre la ciudad:

---

51 Véanse, además de los libros de Stephen Porter y J. N. Hays anteriormente citado, los siguientes estudios: Norman F. Cantor, *In the Wake of the Plague. The Black Death and the World it Made*, Nueva York, Perennial, 2002; John Kelly, *The Great Mortality. An Intimate History of the Black Death, the Most Devastating Plague of All Time*, Nueva York, Harpers, 2005; William H. McNeill, *Plagues and Peoples*, Nueva York, Anchor Books, 1998 (1976); Philip Ziegler, *The Black Death*, Stroud, Gloucestershire, Sutton, 2003 (1969).

Para quitar toda duda [de que la peste era una realidad en Milán] halló la Junta de Sanidad un medio análogo a la urgencia, a saber, un modo de hablar a los ojos, como podían requerirlo o sugerirlo los tiempos. En una de las fiestas de Pascua de Pentecostés acostumbraban los habitantes concurrir al cementerio de San Gregorio, fuera de la Puerta Oriental, a rezar por los muertos del anterior contagio, cuyos cadáveres estaban allí enterrados, y tomando de la devoción oportunidad para diversión y fiesta, cada uno concurría con sus mejores galas. Había muerto de peste en aquel mismo día una familia entera. En la hora de mayor concurso, por medio de los coches y de la inmensa muchedumbre, se condujeron por orden de la Junta de Sanidad al mismo cementerio en un carro, desnudos, los cadáveres de la expresada familia para que todos pudiesen ver las asquerosas y positivas señales del contagio. Un grito de repugnancia y terror se oía en todos los puntos por donde pasaba el carro: un largo murmullo quedaba por donde había pasado, y otro no menos expresivo le precedía. Desde entonces se dio más crédito a la existencia de la peste, aunque ella misma se daba a conocer cada día más, y aquella misma reunión no debió contribuir poco a propagarla.[52]

En algunas ocasiones, médicos y sacerdotes claudicaron frente al temor y abandonaron la ciudad. Samuel Pepys, puntilloso funcionario de la corona que no depuso sus deberes durante la gran

---

52 Alessandro Manzoni, *Los novios* [1840-1842], trad. de Juan Nicasio Gallego, Buenos Aires, Sopena, 1939, cap. 31, pp. 232-233. Véase también la traducción de Luciana Daelli, con estudio preliminar de Leopoldo Di Leo: *Los novios*, Buenos Aires, Centro Editor de América Latina, Buenos Aires, 1978, t. 3, cap. 31, pp. 560- 61. La peste afecta a todo el norte de Italia entre 1629 y 1630.

plaga de 1665 y 1666,[53] escribe en su diario con dejo de ironía e inocultable –y bien merecida– satisfacción personal:

> *22 de enero de 1666:* La primera reunión del Gresham College desde la plaga. El Dr. Goddard nos llenó de palabras, justificando por qué tanto él como sus colegas médicos se habían ido de la ciudad durante la plaga. Dijeron que sus pacientes en su mayoría se habían ido fuera de la ciudad, y que se sintieron ellos en libertad de hacer lo mismo. Dijo otras cosas, etc.

> *4 de agosto de 1666 (Día del Señor):* Por primera vez mi esposa y yo acudimos juntos a la iglesia desde la plaga, y lo hemos hecho solo porque Mr. Mills ha regresado a casa para predicar su primer sermón. Esperábamos una gran excusa que explicara por qué dejó la parroquia antes que cualquiera y por qué demoró en regresar cuando ya todos habían vuelto. Pero dio una excusa muy pobre y un mal sermón.[54]

Paulatinamente los gobiernos fueron tomando medidas –prohibición de aglomeraciones, clausura de casas infectadas, cuarentenas de viajeros y mercancías– basados en su percepción de que la peste se transmitía de hombre a hombre. Si la peste era un castigo de Dios, urgía rogar clemencia. A tal fin las diócesis convocaron

---

53 Londres contaba con una población de 500.000 habitantes; se estima que murieron por la peste 100.000, aun cuando los registros oficiales indican: 68.576. El *Diario* de Pepys explica esta diferencia: "*30 de agosto [de 1665]:* Me encontré con Hadley, nuestro secretario, quien, cuando le pregunté cómo andaba la plaga, me dijo que estaba en gran aumento, y especialmente en nuestra parroquia. Me dijo que habían muerto nueve esta semana, aunque había anotado solo a seis. Cosa que es una muy mala costumbre, y me lleva a pensar que lo mismo ocurre en otras parroquias y que la plaga debe ser mucho peor de lo que la gente piensa".

54 Defoe (*op.cit*, Man, pp.199-200) cuenta que, en las puertas de algunas iglesias, frustrados feligreses fijaron carteles con leyendas tales como "Púlpito en alquiler", o, directamente, "En venta".

a procesiones. Las consecuencias fueron desastrosas. "A las tres de la tarde ingresaron a la iglesia todos los coros cantando salmos, entonando el *Kyrie eleison* por las calles de la ciudad. Mi diácono, que se encontraba presente, dijo que mientras la gente rogaba sus súplicas al Señor, ocho individuos cayeron al piso, muertos", recuerda Gregorio de Tours.[55] Manzoni refiere otro caso similar:

> Y he aquí que, al día siguiente, cuando aún reinaba la presuntuosa confianza, y en muchos la fanática seguridad de que la procesión debía haber cortado la peste, creció el número de los muertos en cada clase y en cada barrio de la ciudad, tan excesiva y súbitamente, que pocos hubo que no encontrasen la causa de tan funesto aumento en la misma procesión [...][56]

Buscando el perdón de Dios, se propagaba Su castigo. Marchando tras la imagen de la Virgen y rogándole por su salvación, el penitenciario avanzaba hacia su cadalso. La rigidez doctrinaria le impedía a la Iglesia ver con claridad el fenómeno del contagio, y su rigidez ritual en la organización del culto, basado en la concentración espacial en recintos cerrados o aglomeraciones multitudinarias, empeoraron la situación. Recién cuando el gobierno civil -que distribuye y reordena los espacios públicos y privados con mayor flexibilidad-[57] retomó su *ius circa sacra* y ejerció la prohibición de reuniones y aglomeraciones, el contagio menguó.

---

55 Gregorio de Tours, *Liber historiae francorum*, x, 1. El diácono es Agiulf, y se trata de un testimonio directo. La escena transcurre el 25 de abril del 590. Cuando la procesión llegó al puente sobre el Tíber, el Arcángel Miguel apareció sobre el domo del mausoleo de Adriano con una espada flamante en su mano. Blandió la espada y así puso fin a la plaga. De ahí el nuevo nombre que se le dio al mausoleo: Castel Sant'Angelo.

56 Alessandro Manzoni, *Los novios, op. cit.*, p. 235 y ss.

57 Michel Foucault aborda estas cuestiones en *Les Anormaux. Cours au Collège*

La medida más atroz que tomó la autoridad civil fue el encierro de los enfermos con sus familias en sus casas. El infectado no es un delincuente, ni el contagio es un delito. No hay culpa, solo hay causa. Sin embargo, el enfermo inimputable representa un peligro más grave que el de cualquier delincuente y no debe circular libremente entre los sanos. Será, por lo tanto, privado de su libertad. Es más, quienes viven con el apestado también resultan sospechosos y deben ser aislados, aun cuando este encierro equivalga a su contagio y muerte segura. El gobierno ya no actúa únicamente cuando posee certeza de la infracción de una ley; basta ahora la mera presunción de peligrosidad. Esta degradación epistémica es inevitable cuando el tiempo acucia. No se dispone de tiempo para verificar si el sospechoso está efectivamente contagiado, pues el daño de dejarlo suelto sería, si lo está, múltiple e irreparable. Samuel Pepys anota en su diario –el 11 de junio de 1665– el caso excepcional de su vecino, el Dr. Burnett, quien ni bien advirtió en él mismo los primeros síntomas de la enfermedad, tomó la precaución de encerrarse por propia voluntad en su casa, "lo que es muy generoso". En las *Instrucciones necesarias para la prevención y cura de la plaga*, la Corporación Médica de Londres adopta, con buen sentido, la hipótesis contraria: "Cabe suponer, debido a que cada uno desea su propia libertad, que nadie avisará contra sí mismo en caso de que sospeche que tiene la plaga; por lo tanto, los inspectores deberán [...]".[58]

---

de France. 1974-1975, *París Gallimard-Seuil, 1999, así como en *Surveiller et punir. Naissance de la prison*, París Gallimard, 1987.

58 College of Physicians, *Necessary Directions for the Prevention and Cure of the Plague*, 1665, IV: *"To be cautelous upon any suspicion"*. Reproducido entre los apéndices de la edición más arriba citada del *Journal* de Defoe al cuidado de Backscheider.

Nada angustia más al honesto Pepys que el creciente número de casas visitadas por la peste, tapiadas con la familia entera dentro. Numerosos registros nocturnos en su diario así lo indican:

7 de junio de 1665: El día más caluroso que jamás haya sufrido en mi vida. Hoy, muy a mi pesar, vi en Drury Lane dos o tres casas marcadas con una cruz roja en sus puertas, y escrito "Dios se apiade de nosotros", lo que me resultó muy triste de ver, ya que es la primera vez que recuerde haber visto esto.

El 27 y el 28 de junio ve más casas afectadas por la plaga (*plague houses*), lo que le produce una tristeza cada vez mayor. El 1 de julio apunta que se ha puesto triste por la noticia de que fueron selladas siete u ocho casas en la calle Burying. El 4 de julio camina hasta Whitehall, pero encuentra que el parque está clausurado. Ve una casa sellada en Pell Mell, "donde en tiempos de Cromwell nosotros los jóvenes nos juntábamos a jugar". El 6 de julio llega hasta la casa de Lord Brouncker, pero no logra verlo, "ni tuve ánimo de hacerlo", comenta Pepys, ya que una de las grandes residencias vecinas había sido clausurada: "¡Dios mío! Cuántas casas clausuradas este día pude observar a lo largo de la ciudad, al ir de Long Lane hasta el muro de Londres."

Otras entradas de su diario permiten apreciar de cerca rasgos más íntimos de Pepys, como su acendrada responsabilidad de funcionario público, sus temores, su coquetería:

3 de septiembre (Día del Señor): Me levanté y me puse el traje de seda de colores, muy fino, y mi nueva peluca, comprada hace ya algún tiempo, pero no me animé a usarla, porque la plaga estaba en Westminster cuando la compré. Y es un misterio cuál será la moda tras la plaga, en lo que concierne a las pelucas, porque nadie se animará a comprar cabello por temor a la infección, que hubiera sido cortado de cabezas de personas muertas por la plaga. Mi Lord Brouncker, Sir J. Mines y yo fuimos al Vestir a pedido de los jueces de paz, con el propósito de tomar medidas para evitar que la plaga aumente. Pero, Dios, considerar la locura de la gente de la ciudad, que, pese a estar prohibido, llegan en multitud junto a los muertos para verlos enterrar. Acordamos tomar medidas para prevenir esto. Entre muchas historias, hubo una muy emotiva, creo yo, de una queja traída contra un hombre de la ciudad por haber recogido a un niño de una casa infectada. El funcionario Hooker nos dijo que era el hijo de un ciudadano muy habilidoso de la calle Gracious, un talabartero, que había enterrado ya al resto de sus hijos, todos ellos víctimas de la plaga. Él y su esposa estaban encerrados, habiendo perdido toda esperanza de escapar. Solo deseaban salvarle la vida a este pequeño hijo. Y así decidieron entregarlo desnudo en brazos de un amigo, quien lo trajo vestido con nuevas ropas, hasta Greenwich. Habiendo escuchado esta historia, estuvimos de acuerdo en permitirle que se quede con el niño.

Defoe busca mostrar que el bien público justifica el daño privado, por duras y crueles que sean las medidas adoptadas. Todos los que podían ocultar su enfermedad, lo hacían, comprende Defoe, pero no hay derecho humano individual que pueda reivindicarse contra la decisión del Estado.

La clausura de las casas fue considerada en un primer momento una medida muy cruel y anticristiana [...].

Es cierto que el cierre de las puertas y el establecimiento de un vigilante noche y día para evitar que alguien saliera o entrara, cuando tal vez la gente sana de la familia hubiera podido salvarse separándose del enfermo, parecía muy duro y cruel, y que muchos murieron en este confinamiento miserable, lo que —es razonable pensarlo— podría no haber sucedido si hubieran gozado de libertad, aun cuando la casa estuviera contaminada. Al principio la gente clamó y se agitó con referencia a este punto, y hasta se llegaron a cometer algunas violencias. Varios vigilantes fueron heridos, y hubo quienes se liberaron por la fuerza, como contaré más adelante. Pero se trataba del bien público, que justifica el daño particular, y en esa época ninguna petición a los magistrados o al gobierno obtenía la menor mitigación de la pena, al menos que yo sepa. Esto llevó a la gente a inventar todo tipo de estratagema para evadirse de las casas clausuradas [...].[59]

La implementación de esta medida era extremadamente dificultosa. Tapiada una casa, ya nadie -ni autoridad, ni vecinos- podían ver qué sucedía dentro. Circularon historias -verídicas o inventadas- acerca de los últimos días de vida de los enclaustrados:

Por aquella época tuvimos muchas historias espeluznantes de enfermeras y de cuidadores de moribundos; esto es, de enfermeras asalariadas que, en vez de atender a los apestados, los trataban de modo bárbaro, hambreándolos, asfixiándolos o apresurando su fin por otros medios criminales: es decir, asesinándolos. También se decía que algunos cuidadores, destinados a vigilar las casas puestas bajo consigna, penetraban en éstas, mediante fractura, cuando ya no quedaba más de una persona, quizás acostada y enferma, la mataban y la arrojaban de inmediato a la carreta de los muertos, con lo cual la enviaban aún tibia a la tumba. No puedo negar que tales homicidios se hayan cometido; creo que dos culpables fueron a parar a la prisión, pero murieron antes de haber sido juzgados [...].[60]

---

59 *"But it was a public good that justified the private mischief"* (Defoe, *op. cit.*, Man, p. 43 y Campbell, p. 65).

60 *Ibid.*, Man, p. 100.

En el discurso que redactó por encargo del gobierno, Richard Mead, miembro de la Royal Society y médico de Isaac Newton, pretendió conciliar interés particular y bien público. Propuso el siguiente ejemplo:

> Dado que la plaga siempre irrumpe en un lugar en particular, es seguro que las directivas del *Magistrado Civil* deben ser tales que resulten de interés a las familias descubrir su desgracia, como ocurre cuando *se prende fuego* una casa, llamar a la asistencia de los vecinos. Pero, por el contrario, los métodos adoptados por la autoridad en esas ocasiones siempre tuvieron la apariencia de una *disciplina* severa, e incluso de un *castigo*, más que de un *cuidado compasivo*. Lo que naturalmente lleva a los *infectados* a ocultar su enfermedad tanto como era posible.[61]

La intención de Mead es loable: alinear los intereses del individuo particular con los del conjunto de la sociedad. Pero también es imposible, ya que la primera consecuencia de la plaga es, precisamente, que la persona contagiada constituye un peligro de muerte para sus vecinos; peor aún, la persona sospechada de pestífera es igualmente percibida como peligrosa. Mientras dure la plaga, toda sociabilidad se vuelve imposible. Más convincente resulta el argumento contra las clausuras que propone Nathaniel Hodges, que razona siguiendo la antigua estrategia de los escépticos:

> Y esta es la razón por la cual resulta imposible prevenir en una visitación la expansión de la plaga por medio de la vigilancia humana más estricta, dado que es imposible distinguir al enfermo del sano, o que el enfermo mismo

---

61 Richard Mead, *A Short Discourse concerning Pestilential Contagion, and the Methods to be Used to Prevent It,* Londres, Sam. Buckley-Ralph Smith, 1720, p. XL, las cursivas pertenecen al original.

sepa que lo está [...]. En nada ayudará aislar a los enfermos, a no ser que se pueda ir hacia atrás y encerrar a todos con quienes el enfermo ha hablado, incluso antes de saber que estaba enfermo [...] pues nadie sabe cuándo, o dónde, o cómo ha recibido la infección, ni de quién [...]. Cuando los médicos nos aseguraron de que el peligro estaba tanto en los enfermos como en los sanos, y que quienes se consideraban totalmente libres a menudo eran los más fatales [...] entonces todos comenzaron a recelar de todos [...].[62]

Esta sospecha carcomió la vida cotidiana de Pepys en el apogeo de la plaga. El 14 de septiembre de 1665, tras ir al Exchange y no ver allí a los hombres de negocios importantes, sino a unos doscientos hombres comunes, apunta:

Y Dios, ver cómo me esforzaba todo lo que era posible en hablar con la menor cantidad de personas que pudiera, ya que ahora ya no se controla si se cierran las casas infectadas, y por lo tanto es seguro que nos encontramos y conversamos con gente que se ha contagiado la plaga.

Los empleados no querían entrar a las casas de enfermos, para clausurarlas. Por lo tanto, las órdenes de clausura quedaban sin ejecutar.[63] En esas pocas horas que le quedan de vida, el infectado potencia su capacidad de hacer daño, al tiempo que su cuerpo se vuelve intangible. "*A walking Destroyer*", decía Defoe. Todos evitan tocar a, o ser tocados por, el apestado.[64] Los enfermos, reales

---

62 Reproducido en Daniel Defoe, *op. cit.,* Backscheider, pp. 217-218.

63 Daniel Defoe, *op. cit.*, Man, p. 139ss.

64 Descartes analiza magistralmente la relación entre el horror a ser tocado (por un gusano, por una hoja que se agita en la noche) y el temor a la muerte inminente, en el artículo 89 del *Tratado de las pasiones del alma* [1649]. Ya Esquilo había puesto en boca de un dios encadenado por filántropo: "Cualquier cosa que se acerque es para mi temible" (*Prometeo*, 127). Elías Canetti

o presuntos, gozan de una inesperada inmunidad al poder político. Sin acceso al cuerpo del súbdito, no puede ejercerse la fuerza:

> Un infectado se levanta súbitamente de su cama, se viste rápidamente. La enfermera logra agarrarlo del abrigo y quitárselo, pero el enfermo huye de la casa. La enfermera corre tras él y pide a los gritos a un guardia que lo detenga. Pero el guardián, asustado por ese hombre, y con temor a tocarlo, lo deja ir. El enfermo llega al Támesis y se arroja al río.[65]

El mismo cuerpo del soberano enferma, leemos en Bocaccio; se debilita y pierde su capacidad de coacción:

> Vemos a los que la autoridad de las leyes públicas les ha condenado por sus delitos al exilio, que se mofan de ellas porque saben que sus ejecutores están muertos o enfermos, y con ímpetu desenfrenado van de correría por la ciudad [...].[66]

Casi simultáneamente con la redacción del *Journal of the Plague Year*, Defoe escribe algunos artículos periodísticos con ocasión de conocerse que, en el sur de Francia, y quizás también en Holanda, han aparecido casos que indicarían la amenaza de una nueva plaga en Europa. Como medida preventiva, el parlamento inglés ordena imponer cuarentena a los barcos que lleguen desde puertos donde se registraron casos de infección. Esta medida de la Cámara de los Comunes es tenazmente resistida por los comerciantes más acaudalados, para quienes semejante límite en el ingreso de mercaderías significa un nada despreciable lucro cesante. Defoe sale nuevamente en defensa del bien público:

---

se refiere a los roces corporales en las muchedumbres en diversos pasajes de *Masse und Macht*, Hamburgo, Classen verlag, Hamburg, 1960.

65 Daniel Defoe, *op. cit.*, Man, p. 172.

66 *Decamerón*, Primera jornada, 57, p. 129.

Es una observación justa, que podría ampliar aquí, cómo
la avaricia endurece a los hombres contra los peligros de
toda naturaleza; y cómo los hombres están dispuestos a
arriesgar sus vidas, y las vidas de toda una ciudad, e incluso
de toda una nación, por sus ganancias presentes. [...] No
hay pensamiento más bárbaro que arriesgar el bienestar de
todo el reino, y la vida de los hombres, mujeres y niños, en
beneficio de la desgraciada ganancia de un hombre privado.[67]

DESDE EL JARDÍN

Exacerbada conciencia de sí, violencia, contagio y disolución
social en un mundo bajo la peste se relacionan de manera com-
pleja en el delirio febril de Raskolnikov al final de *Crimen y castigo* (1886):

Ya restablecido, recordó sus sueños, cuando aún tenía calen-
tura y delirio. Soñó, en su enfermedad, que el mundo todo
estaba condenado a ser víctima de una terrible, inaudita y
nunca vista plaga que, procedente de las profundidades del
Asia, caería sobre Europa. Todos tendrían que perecer [...]
Había surgido una nueva triquina, ser microscópico que se
introducía en el cuerpo de las personas. Pero esos parásitos
eran espíritus dotados de inteligencia y voluntad. Las personas que los cogían volvíanse inmediatamente locas. Pero
nunca, nunca, se consideraron los hombres tan inteligentes
e inquebrantables en la verdad como se consideraban estos
atacados. Jamás se consideraron más infalibles en sus dogmas, en sus conclusiones científicas y creencias morales.

---

67 Daniel Defoe, *Applebee's Original Weekly Journal*, 29 de julio 1721: "Ciudadanos se oponen a las precauciones contra la plaga". En 1722, Defoe vuelve
a ocuparse del tema en "Due preparations for the plague".

Aldeas enteras, ciudades y pueblos enteros contagiáronse y enloquecieron. Todos estaban alarmados, y no se entendían los unos a los otros; todos pensaban que solo en ellos se cifraba la verdad, [...] Los hombres agredíanse mutuamente, movidos de un odio insensato. Armábanse unos contra otros en ejércitos enteros; pero los ejércitos, ya en marcha, empezaban de pronto a destrozarse ellos mismos, rompían filas, lanzábanse unos guerreros contra otros, se mordían y se comían entre sí. [...] En algunos sitios los hombres se reunían en pandillas, convenían algún acuerdo y juraban no desavenirse... Pero inmediatamente empezaban a hacer otra cosa totalmente distinta de lo que acababan de acordar, poníanse a culparse mutuamente, reñían y se degollaban. Sobrevinieron incendios, sobrevino el hambre. Todo y todos se perdieron [...].[68]

La inflamada autonomía de cada individuo, consciente de sí mismo, necesitado de actuar según su propio criterio, imposibilitado de seguir una norma que vaya más allá de su deseo privado e inmediato, se contagia de hombre a hombre como la peste. Y como la peste, solo es capaz de destrucción.

En 1504, Albrecht Dürer cinceló el primer lapso. En el centro del grabado se encuentran Adán, el árbol con la serpiente enroscada, y Eva, rodeados de animales, plantas y rocas en un frondoso jardín. Adán, fruta en mano, está a punto de apartar su voluntad de la voluntad de Dios. Abajo, en el césped, del lado izquierdo de la lámina, un diminuto ratón ha clavado su mirada en un gato, que lo acecha desde corta distancia. No cabe duda: el instante en que Adán muerda la manzana se desatará la proverbial guerra del

---

68 Fiodor M. Dostoyevski, *Crimen y castigo*, en *Obras completas*, trad. de Rafael Cansinos Assens, 3 ts., Madrid, Aguilar, 1964 (8ª ed.), t. 2: Epílogo, cap. ii, p. 366.

gato y el ratón. La naturaleza será de ahora en más una amenaza para la supervivencia de los hombres y la muerte se contagiará de padre a hijo como una plaga. La hostilidad recrudecerá con cada peste, que provoca una enemistad inconciliable entre un cuerpo y otro.

La filosofía política moderna se apoya sobre el principio primero del derecho natural: "[...] es razonable y justo que yo tenga derecho a destruir aquello que amenaza con destruirme", sostiene John Locke.[69] Se trata del derecho de una naturaleza caída, que el hombre no puede rescindir ni ejercer, que reproduce violencia y precipita la destrucción de quienes, sin poder evitarlo, en ese derecho se amparan. Expulsados del Edén, expuestos a los embates de una peste hostil y un Dios frustrado con su creación, los hombres buscarán recomponer un orden –remedo del añorado jardín– de obediencia y protección.

---

69 John Locke, *Second Treatise of Government*, III, 16.